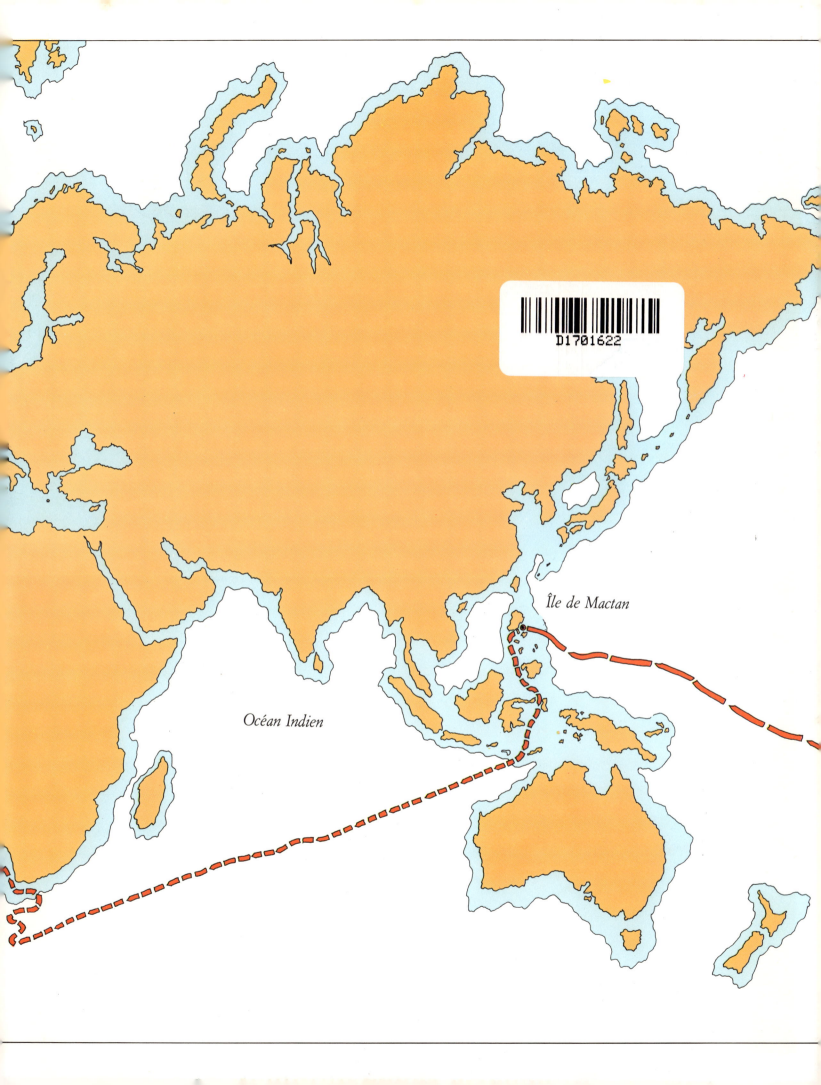

LES GRANDS EXPLORATEURS

MAGELLAN

Texte et illustrations de Piero Ventura et Gian Paolo Ceserani

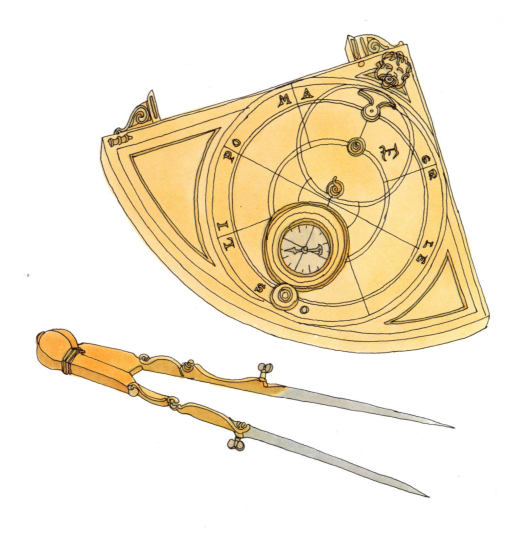

GRÜND

GARANTIE DE L'ÉDITEUR

Pour vous parvenir à son plus juste prix, cet ouvrage a fait l'objet d'un gros tirage. Malgré tous les soins apportés à sa fabrication, il est malheureusement possible qu'il comporte un défaut d'impression ou de façonnage. Dans ce cas, ce livre vous sera échangé sans frais. Veuillez à cet effet le rapporter au libraire qui vous l'a vendu ou nous écrire à l'adresse ci-dessous en nous précisant la nature du défaut constaté. Dans l'un ou l'autre cas, il sera immédiatement fait droit à votre réclamation.
Librairie Gründ – 60 rue Mazarine – 75006 Paris

Loi n° 49-956 du 16 juillet 1949 sur les publications destinées à la jeunesse

Adaptation française de Jeannine Cyrot et d'Alexandrine pour le dossier
Texte original de Piero Ventura et Gian Paolo Ceserani et de Giovanna Spadini pour le dossier.
Première édition française 1979 par Fernand Nathan.
© 1991 Librairie Gründ pour l'adaptation française du dossier
ISBN : 2-7000-4562-9
Dépôt légal : mars 1991
Édition originale 1979 par Arnoldo Mondadori Editore S.p.A.
sous le titre original *Il viaggio di Magellano*
© 1979 Arnoldo Mondadori Editore S.p.A.
Photocomposition : Bourgogne Compo, Dijon
Imprimé en Espagne, par Artes Gráficas Toledo, S.A.
D.L.: TO-199-1.991

LE PREMIER À FAIRE LE TOUR DU MONDE

Fernand de Magellan, navigateur portugais, est l'homme qui a accompli le plus important voyage d'exploration de toute l'histoire : la circumnavigation (la navigation autour de la Terre). De ce voyage, les hommes tirèrent quatre enseignements essentiels : premièrement, que la circonférence de la Terre est plus grande que ce que tous les géographes avaient cru jusqu'alors ; deuxièmement, que notre planète est vraiment sphérique, ce que l'on savait depuis longtemps mais que l'on n'avait pas encore réussi à prouver par l'expérience ; troisièmement, qu'il est possible de faire en bateau le tour du continent américain ; quatrièmement, qu'en faisant le tour du monde d'est en ouest, on gagne un jour.

Nous savons très peu de choses de la vie de Magellan avant le grand voyage au cours duquel il perdit la vie. Nous ne connaissons avec certitude ni le lieu ni la date de sa naissance (on la situe en 1480). Nous savons qu'il fut page à la cour du Portugal et qu'il étudia ensuite à l'École navale de Lisbonne (ci-dessous). Le Portugal avait une grande tradition maritime : la première véritable école navale fut fondée par le roi du Portugal, Henri le Navigateur.

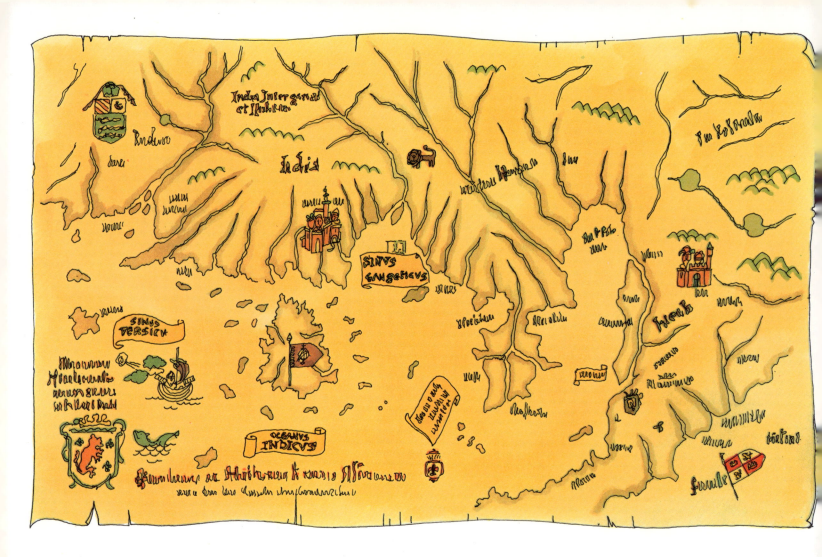

L'océan Indien tel qu'on le représentait du temps de Magellan

MAIS COMMENT SE PRÉSENTE LE MONDE ?

Du temps de Magellan, deux grandes puissances se disputaient le monde : l'Espagne et le Portugal. Les Portugais s'étaient avancés le long des côtes d'Afrique et avaient même doublé le cap de Bonne-Espérance tandis que les Espagnols avaient financé l'expédition de Christophe Colomb qui avait découvert le continent américain.

Les deux nations parvinrent à un accord avec le fameux traité de Tordesillas de 1494, par lequel notre planète était partagée en deux, comme une pomme, par un méridien : les terres situées à l'ouest de cette ligne imaginaire étaient attribuées à l'Espagne, celles situées à l'est au Portugal. Mais, évidemment, un problème se posait car personne ne savait avec précision ce qu'il y avait en deçà et au-delà de cette ligne, dans les parties du monde encore inexplorées.

Les mappemondes et les cartes de 1500 (voir l'illustration) donnaient une image du monde assez imprécise et assez fantaisiste, comparée aux connaissances que nous en avons aujourd'hui. L'homme a mis longtemps à connaître sa propre planète. Quand on pense qu'au siècle de

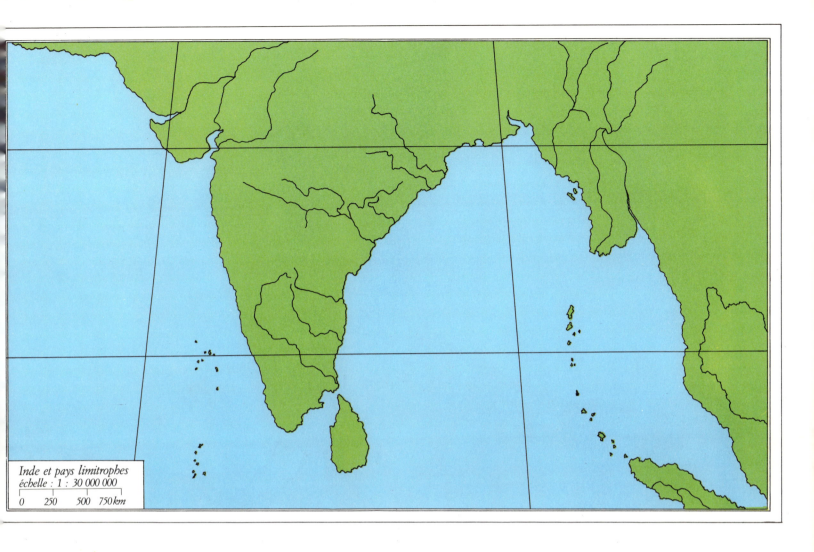

L'océan Indien sur une carte de nos jours

Magellan, appelé à juste titre « le siècle des grandes découvertes », les Européens ne disposaient même pas de cartes précises des côtes de leurs pays !

Nous ignorons comment Magellan en arriva à se convaincre qu'il était possible d'effectuer en bateau le tour du continent sud-américain. Certains affirment qu'il trouva des documents qui parlaient d'un passage au sud-ouest ; d'autres sont sûrs que les hommes de l'époque envisageaient d'effectuer la circumnavigation du continent sud-américain, comme ils l'avaient fait pour l'Afrique.

Ils pensaient, en somme, que les continents étaient de grandes îles. Nous savons aujourd'hui que c'est exact.

Quoi qu'il en soit, un fait était certain : si un passage était découvert, l'Espagne, en se fondant sur le traité de Tordesillas, pouvait explorer et conquérir l'Orient. C'est là la raison de la « trahison » de Magellan, ce Portugais qui voyagea pour le compte des Espagnols. Le Portugal n'avait aucun intérêt à financer une telle expédition mais il n'en était pas de même pour l'Espagne.

Ainsi, Fernand de Magellan, déçu par ses compatriotes, présenta son projet à Séville, en Espagne.

LE DÉPART EST ENFIN DÉCIDÉ

Qui était Magellan, le premier Européen à traverser le Pacifique ? On le décrit comme un homme austère, avare de ses mots. Physiquement, il était de petite taille et boitait à la suite d'une blessure qu'il avait reçue en combattant au Maroc. Au moment de son voyage, Magellan avait une quarantaine d'années, et la vie aventureuse qu'il avait menée sur les routes d'Asie et d'Afrique lui avait laissé de nombreuses cicatrices.

Cet homme, qui n'était plus de prime jeunesse, d'après les critères de l'époque, eut à lutter contre les entraves bureaucratiques, les complots et le boycottage des agents portugais pour préparer sa grande expédition. Ses démêlés ressemblèrent assez à ceux que connut Christophe Colomb.

Après d'épuisants pourparlers, un contrat fut enfin signé : le roi d'Espagne, que les Moluques intéressaient, finança l'expédition et accorda à Magellan le dixième des gains, le titre de vice-roi des terres nouvelles et deux des îles qui seraient découvertes.

Le 10 août 1519, la flottille de Magellan quitta Séville sous les salves des canons et descendit le fleuve Guadalquivir pour arriver à l'océan Atlantique.

LES NAVIRES DE MAGELLAN

À l'embouchure du Guadalquivir se trouve, aujourd'hui encore, le chantier de Sanlúcar de Barrameda, une petite ville baignée par l'Atlantique. Depuis des centaines d'années, les bateaux de pêche de Sanlúcar sont construits selon une technique qui s'inspire du grand art maritime de l'époque de Magellan et sont faits du même bois : le pin des Asturies, réputé dans le monde entier pour sa résistance à l'eau de mer.

Magellan se lança dans l'aventure avec une flotte de cinq navires : le *San Antonio*, la *Trinidad*, la *Concepción*, la *Victoria* et le *Santiago*. Nous savons qu'il s'agissait de bateaux assez vétustes, qui exigèrent un long travail de restauration sous la surveillance personnelle de Magellan. Mais nous ne connaissons avec précision ni leurs dimensions ni leur tonnage, pas plus que le type exact auquel ils appartenaient. Comment cela se fait-il ? Ce n'est pas le seul cas puisque le même problème s'est posé à propos des bateaux de Christophe Colomb dont un seul dessin est parvenu jusqu'à nous.

Nous avons de la peine à l'admettre aujourd'hui mais il faut se replacer dans l'état d'esprit de l'époque pour aborder cette question. Le bateau était un objet d'usage courant et personne ne songeait à laisser les dessins et les plans d'un produit si répandu. De plus, il n'existait alors rien de ce que nous désignons aujourd'hui sous le nom de communication : il n'y avait pas de mass-media, et personne ne se souciait de la vie privée de Christophe Colomb ou de Magellan. Chose curieuse, nous ne possédons même pas un portrait fidèle de ces deux hommes !

Nous savons seulement que les navires de Magellan étaient des caravelles, bateaux qui, avec les caraques, appelées *nao* par les Espagnols, furent les grands protagonistes des premiers voyages océaniques. La caravelle avait trois mâts, un seul pont et mesurait moins de 30 mètres de long. Robuste et aux bords élevés pour résister aux vagues, c'était le type même du navire de mer. Les marins ne disposaient pas de place pour eux-mêmes : quand ils ne travaillaient pas, ils se reposaient comme ils pouvaient. C'est avec ce genre de bateaux que les Européens arrivèrent presque en tous les points de notre planète.

Que savons-nous de plus sur l'équipage ? Il se composait de 185 Espagnols, 37 Portugais, 23 Italiens, 10 Français, 4 Flamands, 2 Grecs, 2 Allemands, 1 Anglais et 1 Malais (Henri, le domestique de Magellan). Ce n'était pas un bon équipage : beaucoup furent enrôlés de force car les volontaires étaient rares, étant donné les risques du voyage. De plus, une partie de ces hommes n'avait jamais pris la mer.

Cependant, la plus grande difficulté qu'eut à affronter Magellan fut l'hostilité de certains capitaines des autres navires (lui-même était à bord de la *Trinidad*), qui se mutinèrent au cours du voyage.

LA TEMPÊTE

Comme dans tous les voyages prévoyant la traversée de l'Atlantique, la flotte de Magellan fit escale aux Canaries, dernière étape précédant l'aventure. Ils s'y arrêtèrent quelques jours pour embarquer de la viande, de l'eau et du bois. Puis ce fut la traversée. Les cinq navires partirent à minuit le 3 octobre ; ils passèrent le Cap Vert, longèrent les côtes d'Afrique et, au bout de deux mois environ, traversèrent l'équateur où l'équipage fut stupéfait d'être accueilli par une pluie torrentielle. On croyait en effet, à l'époque, qu'il ne pleuvait jamais dans cette région.

Puis survint la première tempête. Et là, les marins furent rassurés par l'apparition des feux de la Saint-Elme, considérés comme favorables pour le bateau. Ces feux, qui portent le nom du saint patron des marins, sont des aigrettes

lumineuses bleuâtres, souvent très intenses, qui se montrent quelquefois à l'extrémité des mâts des navires au cours des orages. Ils sont produits par l'humidité de l'air et se forment à la pointe des corps conducteurs d'électricité.

Voici comment les décrit Pigafetta : « Quand cette lueur bénie apparut, son éclat était si éblouissant que nous en restâmes tous complètement aveuglés pendant plus de cinq minutes, en implorant pitié. » Antonio Pigafetta a joué un rôle capital dans notre connaissance du voyage. Il fut le chroniqueur de l'expédition et presque tout ce que nous en savons, nous le devons à sa célèbre *Relazione*, le journal qu'il publia quelques années plus tard (Pigafetta fut un des rares survivants de ce voyage). Il était né à Vicence dans une famille noble, et dès qu'il entendit parler du voyage de Magellan, son seul désir fut d'y participer. Sa présence auprès du grand navigateur fut une chance inespérée.

Sphère armillaire

Astrolabe

PLUS D'AUDACE QUE D'INSTRUMENTS

Magellan, contrairement à de nombreux navigateurs peu familiarisés avec la théorie, avait fréquenté une école navale. Ses connaissances étaient cependant très limitées, comparées à celles auxquelles nous sommes habitués. En outre, il disposait d'un nombre très réduit d'instruments ; il y a là une différence fondamentale entre les marins d'autrefois et ceux d'aujourd'hui. Les hommes du temps jadis, presque totalement dépourvus d'instruments de navigation et de notions théoriques, avaient en revanche une connaissance directe de la mer qui ne finit pas de nous étonner. La couleur de l'océan, son odeur, les halos du soleil et de la lune, le mouvement des nuages, le vol des oiseaux, étaient tous des signes qui parlaient directement aux marins et que nous ne saurions plus interpréter de nos jours.

Mais, évidemment, c'est une chose de connaître l'élément marin et toute autre chose, par exemple, de savoir déterminer sa propre position. Du temps de Magellan, le commandant prenait comme référence la hauteur du soleil et la comparait aux données d'une table. Il arrivait à fixer ainsi, de façon approximative il est vrai, la latitude, c'est-à-dire la position sur

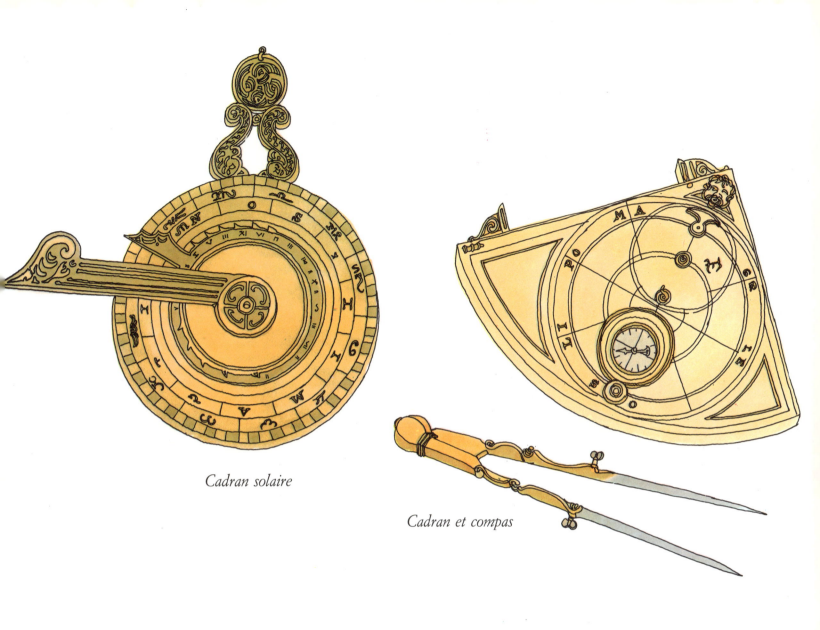

Cadran solaire

Cadran et compas

l'axe nord-sud. Mais la position est-ouest était fonction du temps ; pour la calculer, il fallait de bons chronomètres. (Elle fut calculée pour la première fois, en 1772 par Cook.)

Ceux qui s'aventuraient vers les mondes nouveaux se heurtaient à un grave problème : pendant les heures de nuit, ils levaient les yeux vers le ciel et se trouvaient face à un firmament inconnu. Pigafetta nous parle de leur stupeur en présence de cette nouveauté. Il nous est facile aujourd'hui de comprendre ce qui leur était arrivé : ils étaient passés sous un autre ciel, précisément de l'hémisphère boréal à l'hémisphère austral.

Quels étaient donc les instruments sur lesquels pouvait compter Magellan ? Certainement pas l'astrolabe nautique qui donnait des résultats douteux sur le pont vacillant d'un bateau, pas plus que la sphère armillaire, appareil compliqué et délicat, peu adapté à la navigation. Il utilisait en revanche le cadran qui, dans la pratique, était, avec la boussole, le principal auxiliaire des navigateurs.

Mais ce qui aidait surtout ces hommes courageux, c'était l'audace, le mépris du danger et le désir de s'enrichir par la découverte de terres nouvelles qu'ils pensaient recéler des trésors.

LA BAIE DE RIO

Magellan ne rencontra pas de grands problèmes de navigation jusqu'à son arrivée sur les côtes d'Amérique du Sud, mais il en eut avec le capitaine du *San Antonio*, Juan de Cartagena. Celui-ci lui manqua de respect et, sans hésiter, Magellan, le fit arrêter. C'était un signe avant-coureur de la grave mutinerie qui devait se déclencher peu de temps après.

Le 13 décembre 1519, la flotte arriva sur les côtes brésiliennes, à l'endroit où s'élève aujour-

d'hui Rio de Janeiro et l'équipage contempla avec étonnement la montagne en pain de sucre. À propos, pourquoi le Brésil s'appelle-t-il ainsi ? Il doit son nom à un bois recherché, le bois de braise, qui ressemble à l'acajou.

Pour Magellan, c'est alors le début du véritable voyage : il devait, en effet, chercher sur la côte atlantique un passage vers le Pacifique. Le pays n'intéressa personne, à une exception près. Il apparut à tous comme une terre sauvage, avec des fruits excellents et quelques indigènes nus qui les observaient de la plage.

RARES SONT LES SURVIVANTS PARMI LES INDIGÈNES

L'exception à laquelle nous avons fait allusion fut Antonio Pigafetta. Fortement frappé par cette terre nouvelle, il nous la décrit avec une précision, une finesse et une honnêteté qui ont suscité beaucoup d'admiration. Nombreux sont ceux qui considèrent le chroniqueur de Magellan comme le premier anthropologue : il nous parle de la vie des indigènes avec un sens critique qui ne s'apparente en rien aux habituels rapports de voyages, documents purement littéraires. Il fait véritablement de l'anthropologie, science consacrée à l'étude de l'homme.

Pigafetta va jusqu'à nous donner un aperçu des mots utilisés par les Patagons, les Philippins et les Moluquois ; il en donne même une transcription phonétique qui est restée très utile par la suite pour les savants. Il nous décrit une flore et une faune jamais vues encore, avec une telle précision que nous pouvons reconstituer le pays visité. Mais c'est surtout quand il parle des indigènes brésiliens qu'il révèle ses remarquables dons d'observateur.

Pigafetta se différencie des autres voyageurs qui assimilaient presque à des animaux, ces êtres à demi-nus ; il les considère au contraire comme des créatures semblables à nous, mais de culture différente. Tolérance inouïe pour l'époque ! Il était facile, en effet, de se moquer des Indiens qui, lorsqu'ils virent les chaloupes se détacher des navires, crurent qu'il s'agissait de

leurs filles ! Et quand elles se rapprochèrent, ils pensèrent aussitôt que les navires allaitaient les barques !

Mais Pigafetta ne rit pas de ces naïvetés et nous décrit la vie indigène. Il nous raconte qu'ils habitaient dans de grandes cases, pouvant contenir jusqu'à cent personnes, et qu'ils dormaient dans des filets de coton qu'ils appelaient hamacs, suspendus à de grosses poutres d'un mur à l'autre de la case. Pour se réchauffer, ils allumaient du feu au-dessous même des hamacs. Leurs barques, appelées canoës, étaient faites de troncs d'arbres, creusés avec des outils de pierre car ils ne connaissaient pas le fer.

C'est surtout quand il porte un jugement sur le cannibalisme que Pigafetta fait la preuve de sa finesse d'esprit et de son absence de préjugés. Il se rendit compte, en effet, qu'il ne s'agissait pas d'un acte utilitaire, mais plutôt d'un rituel : les Indiens mangeaient un ennemi pour s'emparer de sa force et de son courage au combat.

Pourtant, les colonisateurs qui suivirent ne manifestèrent pas les mêmes sentiments que le Vicentin. En 1500, les Indiens occupaient un immense territoire, parlaient au moins 25 langues différentes et des centaines de dialectes, témoignages d'une grande diversité culturelle. Des populations pacifiques vivaient au voisinage de tribus guerrières. De nos jours, les Indiens du Brésil sont réduits à quelques milliers d'individus, après avoir été exterminés par les maladies et la volonté de domination des conquérants.

LA TERRE DES GÉANTS

Quel étrange Noël que celui que l'équipage passa sur les côtes brésiliennes, par 40° à l'ombre ! Au bout de deux semaines, Magellan donna l'ordre de partir ; il était convaincu que le passage n'était pas loin. Et, de fait, quelques jours après, la flotte rencontra l'estuaire d'un grand fleuve : c'était le Rio de la Plata où s'élèvent aujourd'hui Buenos Aires et Montevideo. Magellan exulta : c'était sûrement là le détroit qui menait au Pacifique !

Il passa une semaine à explorer les lieux, mais sa déception fut profonde. La flotte poursuivit son chemin vers le sud et, après avoir atteint le 49° degré de latitude, fit halte pendant cinq mois dans la baie de San Julián. Si Magellan était désappointé, ses hommes furent très intéressés par une aventure extraordinaire : la rencontre avec des hommes gigantesques. Le premier, ils le virent dans l'estuaire du Rio de la Plata, entouré d'indigènes de taille normale, mais, en descendant vers le sud, ils en observèrent bien d'autres. Ils eurent l'impression de se trouver en face d'une population entière de géants. Pigafetta en donne des descriptions détaillées. Un de ces hommes qu'il vit de près était « si grand que le plus grand d'entre nous lui arrivait à peine à la ceinture. » Mais il ajoute : « Son corps était cependant bien proportionné. » Il avait le visage teint en rouge, les yeux en jaune et les cheveux en blanc. Il parlait « avec une voix de taureau » et lorsqu'il aperçut son propre visage dans un miroir, il fut épouvanté. Les femmes effrayèrent les Espagnols : elles avaient des seins aussi longs que la moitié du bras !

Ce récit souleva bien des controverses et la science nia l'existence d'êtres humains gigantesques. Pigafetta a-t-il exagéré ? Ce serait bien la seule fois dans tout le récit de ce voyage. D'autres pensent que des créatures gigantesques ont vécu sur Terre (on a trouvé des ossements qui tendent à le confirmer) et que les derniers spécimens sont ceux rencontrés par Magellan. Saurons-nous jamais la vérité ? Ces géants furent appelés Patagons, ce qui signifie « aux longs pieds ».

MUTINERIE !

Au cours de la longue escale dans la baie de San Julián, le mécontentement des capitaines de la flotte prit une tournure précise et très grave : la mutinerie. Ils nourrissaient déjà de la rancœur envers Magellan avant même de se mettre en route : ils ne lui pardonnaient pas d'être portugais et de commander des capitaines espagnols. Ils supportaient avec beaucoup de mauvaise humeur la discipline de Magellan qui imposait tous les jours à la flotte des exercices compliqués. Ils étaient aussi saisis de crainte à l'idée de se trouver dans un monde inconnu : on ne découvrait pas le fameux détroit, le paysage était désolé, la côte du continent américain s'étendait, au sud, bien au-delà de ce que l'on prévoyait.

Le 1er avril 1520, la grande décision fut prise. Deux capitaines, Cartagena et Quesada, prirent l'initiative de la mutinerie. Dans la nuit, deux barques quittèrent la *Concepción* et attaquèrent le *San Antonio* ; le capitaine Alvaro de Mesquita,

fidèle à Magellan, fut enchaîné et le maître d'équipage tué à coups de poignard. Cela aurait pu être le commencement de la fin, mais les mutins hésitèrent et, au lieu d'assaillir la *Trinidad*, ils y envoyèrent une chaloupe avec un message.

Ce fut à cette occasion que Magellan se révéla homme de décision : il fit arrêter l'équipage de la chaloupe et passa à la contre-attaque. Une barque transportant quinze hommes aborda la *Victoria* : les hommes de Magellan étaient inférieurs en nombre mais, en réalité, personne ne souhaitait une bataille sanglante. Les mutins consentirent à se rendre en échange de leur pardon.

Magellan ne se montra pas cruel en punissant les chefs de la révolte, du moins selon les coutumes de l'époque : il en fit exécuter un et en abandonna deux, parmi lesquels Cartagena, sur les côtes désolées de la Patagonie où ils devaient pratiquement mourir de faim.

Un autre incident grave vint perturber l'expédition : le 22 mai 1520, le *Santiago*, parti en exploration le long de la côte, fit naufrage. Heureusement, l'équipage, au grand complet, en réchappa.

LE DÉTROIT

L'inébranlable ténacité de Magellan trouva enfin sa récompense : le 21 octobre 1520, les quatre navires aperçurent un détroit. S'agissait-il encore d'un autre estuaire ? Le grand navigateur décida de l'explorer. Il envoya en éclaireurs le *San Antonio* et la *Concepción* qui progressèrent difficilement, gênés par le vent. Ils trouvèrent un détroit, une baie, un autre détroit et encore une baie, et au-delà… l'océan !

Les deux navires, que Magellan croyait déjà

perdus corps et biens, revinrent en triomphe, tirant des salves de coups de canons, leurs équipages alignés sur le pont et hurlant de joie. Ce fut l'un des grands moments de l'histoire de l'humanité.

La joie de Magellan (le détroit sera par la suite baptisé de son nom) fut cependant assombrie par la désertion du *San Antonio*. Il y avait à son bord 60 hommes et une grande quantité de provisions : après diverses aventures, le navire réussit à regagner sa patrie.

La *Trinidad*, la *Concepción* et la *Victoria* s'engagèrent dans le détroit. Ils étaient entourés d'une terre désolée où la nuit polaire ne durait que trois heures. L'équipage n'eut aucun rapport avec les indigènes, mais la nuit, ils observèrent de nombreux feux sur les montagnes ; c'est pourquoi cette terre fut appelée Terre de Feu. Pigafetta nous raconte qu'arrivé devant l'océan Pacifique, l'homme de fer qu'était Magellan se montra très ému et jura solennellement de poursuivre sa route sur cette surface inconnue.

L'OCÉAN IMMENSE

Magellan croyait que l'océan qu'il avait en face de lui était beaucoup moins vaste que dans la réalité. En commençant son périple sur cette mer inconnue, il dit (c'est Pigafetta qui nous le rapporte) : « Si nous pouvions toujours trouver des eaux aussi calmes ! Fort de cet espoir, j'appellerai cette mer *Pacifique*. »

Aucun Européen n'avait jamais exploré cette partie de la planète : Magellan se trouvait donc vraiment devant l'inconnu. C'est la seule explication plausible au fait qu'il conserva toujours une route éloignée des innombrables îles qui parsèment le Pacifique. L'océan fut réellement calme mais l'expédition connut pourtant un sort tragique. Durant trois mois et dix jours, ils naviguèrent sans pouvoir se réapprovisionner en eau et en nourriture ; les hommes en furent réduits à manger des morceaux de cuir bouillis et les rats capturés étaient vendus à des prix records.

Une vingtaine d'hommes moururent, dont l'un des Patagons géants qui avaient été faits prisonniers. Le 6 mars 1521, ils aperçurent trois petites îles ; ils étaient arrivés aux îles Mariannes, après avoir traversé presque entièrement l'océan immense. Les trois navires restants furent entourés de dizaines de canoës : les indigènes, dévorés de curiosité, montaient à bord et s'emparaient de tout. C'est pourquoi ces terres furent appelées *îles des Voleurs*.

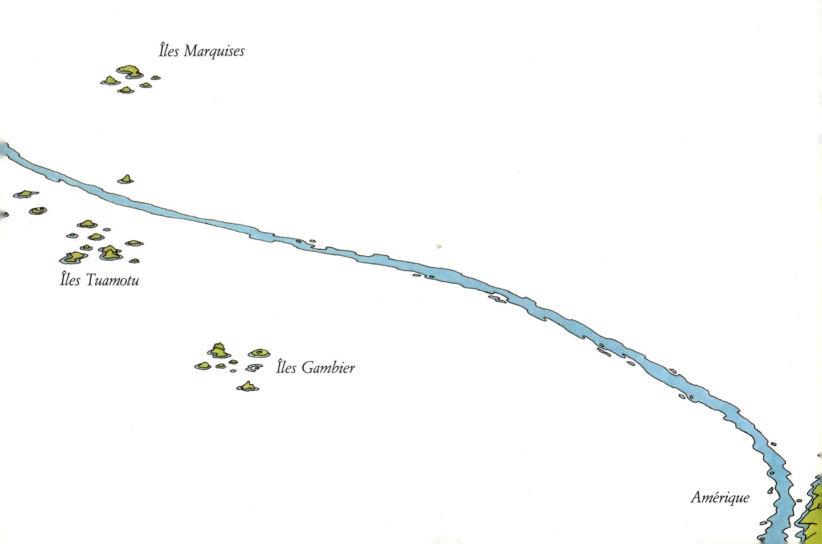

L'ÎLE DES NOIX DE COCO

Il fallut une semaine encore avant d'entendre retentir de nouveau le mot si cher aux marins : « Terre ! » À l'horizon se profilait tout un archipel.

Magellan était persuadé d'être enfin arrivé à bon port. Dans son idée, ce devait être les Moluques, les îles des épices. Mais il se trompait : il était arrivé aux Philippines. Les Moluques se trouvaient sur la ligne de l'équateur, une dizaine de degrés plus au sud.

Ces terres ne portaient pas encore de nom parce qu'aucun Européen n'y avait jamais débarqué. Magellan et ses hommes eurent l'impression d'être arrivés dans un paradis : ils trouvèrent de l'eau fraîche, des fruits, un climat doux et agréable et un repos salutaire après la terrible traversée.

Pigafetta en profita pour observer le monde nouveau qui l'entourait. Ce qui attira le plus son attention, ce fut un arbre, essentiel à l'économie indigène : le cocotier. Il nous le décrit avec sa précision habituelle, en nous expliquant com-

ment on incise le tronc pour en faire sortir un liquide, comment les indigènes mangent la pulpe des fruits avec de la viande et du poisson comme s'il s'agissait de pain, comment de cette pulpe on tire une huile et comment, en la faisant fermenter, on obtient également une sorte de vinaigre.

Magellan visita l'île de Samar et celle de Massawa (l'archipel des Philippines se compose de plus de 1 700 îles) et établit des relations pacifiques avec leurs habitants, qui étaient beaucoup plus évolués que les populations rencontrées jusqu'alors. Ces îles produisaient du riz, du millet, du sorgho et les arbres donnaient des oranges, des citrons, des bananes et des noix de coco. Dans la mer, il y avait de superbes coraux.

Mais Magellan n'était pas encore satisfait, car ce qu'il cherchait c'étaient les épices, et jusqu'alors il n'en avait pas encore trouvé. Aussi, en s'assurant les services d'un pilote local, il se dirigea avec ses trois navires vers l'île de Cebu qu'il savait dirigée par un roi très puissant et richissime.

BAPTÊME AUX PHILIPPINES

Le port de Cebu était sans nul doute très important. Haut lieu de commerce, il recevait des navires qui arrivaient des Moluques, de la Malaisie et même de Chine. Magellan décida d'une action de grande envergure : au matin du 7 avril, la flotte fit son entrée dans les eaux de Cebu, toutes les voiles amenées et enseignes déployées, en tirant des salves de tous ses canons.

Il obtint l'effet voulu. Le roi Humaubon fut persuadé qu'il avait en face de lui les envoyés d'une nation très puissante et il s'empressa d'établir avec eux des rapports d'amitié. Ce n'était pas la première fois que Magellan avait recours à ce genre de stratagème. Déjà auparavant, il avait fait endosser à l'un de ses hommes une cuirasse et donné l'ordre à trois autres de le frapper à coups de lance et de poignard. L'invulnérabilité de l'habit de fer avait beaucoup impressionné les Philippins. À part ces démonstrations, parfaitement logiques pour les mœurs de l'époque, nous ne pouvons pas dire que Magellan se soit comporté de façon violente.

Au contraire de beaucoup d'autres colonisateurs et des *conquistadores* qui massacrèrent des milliers de personnes, Magellan n'avait pas pour but de saccager mais souhaitait accomplir une conquête pacifique et trouver une terre florissante pour le commerce. Il n'y a donc rien d'étonnant qu'il se soit préoccupé de créer ce que nous appellerions une pénétration culturelle, et plus précisément religieuse.

Après avoir conquis l'admiration du roi et des notables de Cebu, il les convertit au christianisme. Le dimanche 17 avril 1521 fut un jour solennel pour l'île car des dizaines d'hommes furent baptisés. Le dimanche suivant, ce fut le tour du roi qui reçut à cette occasion un nouveau nom : Charles, en l'honneur du roi d'Espagne, 800 autres personnes furent baptisées en même temps que le souverain.

Tout semblait annoncer une période de bonheur après tant de vicissitudes ; la terre était riche et hospitalière. Pigafetta nous décrit les banquets joyeux, les mets savoureux, les cadeaux que s'échangeaient les habitants et les Européens. Mais tout allait se précipiter. Comme le prince de l'îlot voisin de Mactan, Lapu-Lapu, refusait orgueilleusement de rendre hommage aux nouveaux venus, Magellan commit une grave erreur : il ordonna une expédition punitive dont il voulut personnellement prendre la tête.

LA TRAGÉDIE DES BASSES EAUX

Nombreux furent ceux qui déconseillèrent à Magellan cette expédition. Mais, exactement comme devait le faire Cook aux îles Hawaii, Magellan sous-estima les forces des indigènes. Le 27 avril, avec trois barques et 60 hommes, il s'approcha de la côte de Mactan. Cependant, en raison des basses eaux, les embarcations, armées de canons et d'arbalètes, ne purent accoster.

Magellan descendit à terre avec 50 hommes,

dont Pigafetta, et se trouva en face de 1 500 indigènes qui l'accueillirent par une pluie de flèches et de lances de bambou. Les hommes de Lapu-Lapu comprirent vite que leurs armes étaient inefficaces sur les cuirasses des envahisseurs, aussi visèrent-ils aux jambes et une flèche toucha Magellan. De nombreux hommes de l'équipage tombèrent à l'eau, blessés.

Ceux qui étaient restés sur les barques ne pouvaient aider leurs compagnons avec les canons parce qu'ils étaient trop éloignés. La bataille se transforma soudain en un corps à corps dans l'eau ; ce fut un combat impitoyable qui dura plus d'une heure. À la fin, Magellan, frappé en divers endroits, tomba et fut attaqué par les indigènes à coups de poignard.

« Ainsi ils anéantirent notre lumière, notre réconfort », écrira Pigafetta. C'est ce même chroniqueur qui nous précise que la résistance désespérée de Magellan permit aux autres de se sauver. Huit hommes perdirent la vie à Mactan et tous les autres furent blessés. Mais le pire était que l'expédition, ayant perdu son chef, semblait vouée à l'échec.

LA FIN DU VOYAGE

Rares sont les grands hommes qui, comme Magellan, laissèrent si peu de traces d'eux-mêmes. Aux diverses étapes de son voyage, on ne trouve pas le moindre signe de son passage : seule une grande croix de bois (qui, d'après la légende, grandit d'un centimètre par an) témoigne de son séjour à Cebu, avec un tableau représentant une Vierge qui fut offert à la reine de l'île. Son corps non plus ne fut jamais retrouvé. Il faudra des années, après le retour au pays de ses quelques rares compagnons survivants, pour qu'une gloire méritée entoure son nom.

Quant aux hommes de l'expédition, privés de chef et sans but, il ne leur restait plus qu'à rentrer chez eux. Mais le roi de Cebu avait changé d'avis sur les étrangers et, s'étant rendu compte qu'ils n'étaient pas invulnérables, il

attira une partie de l'équipage dans une embuscade où 28 hommes encore perdirent la vie. Les survivants étaient trop peu nombreux pour gouverner trois navires ; la *Concepción* devait couler d'elle-même peu à peu tandis que son équipage et sa cargaison étaient répartis sur la *Trinidad* et sur la *Victoria*.

Le retour fut extrêmement mouvementé. Après de multiples aventures, les navires arrivèrent à Bornéo, dont la civilisation laissa Pigafetta admiratif, et enfin aux Moluques tant espérées. Ils y furent accueillis amicalement et y firent d'importants achats d'épices. Mais, au moment du départ, il se produisit un autre grave incident : une voie d'eau empêcha la *Trinidad* de prendre la mer. La *Victoria* se mit alors en route toute seule et la *Trinidad* suivit, après avoir réparé ses dégâts. Mais une tempête l'obligea à retourner aux Moluques où l'infortuné équipage fut fait prisonnier par les Portugais.

Seule, donc, la *Victoria* mit le cap sur l'ouest, passant au large de Madagascar et des côtes africaines par crainte de la flotte portugaise. Le 8 septembre 1522, un navire en piteux état avec 18 hommes épuisés à bord, un navire qui avait cependant accompli le tour du monde, arrivait à Séville. Les Espagnols fêtèrent Sebastiano Elcano qui commandait la *Victoria* et, pendant de longues années, le monde oublia Magellan.

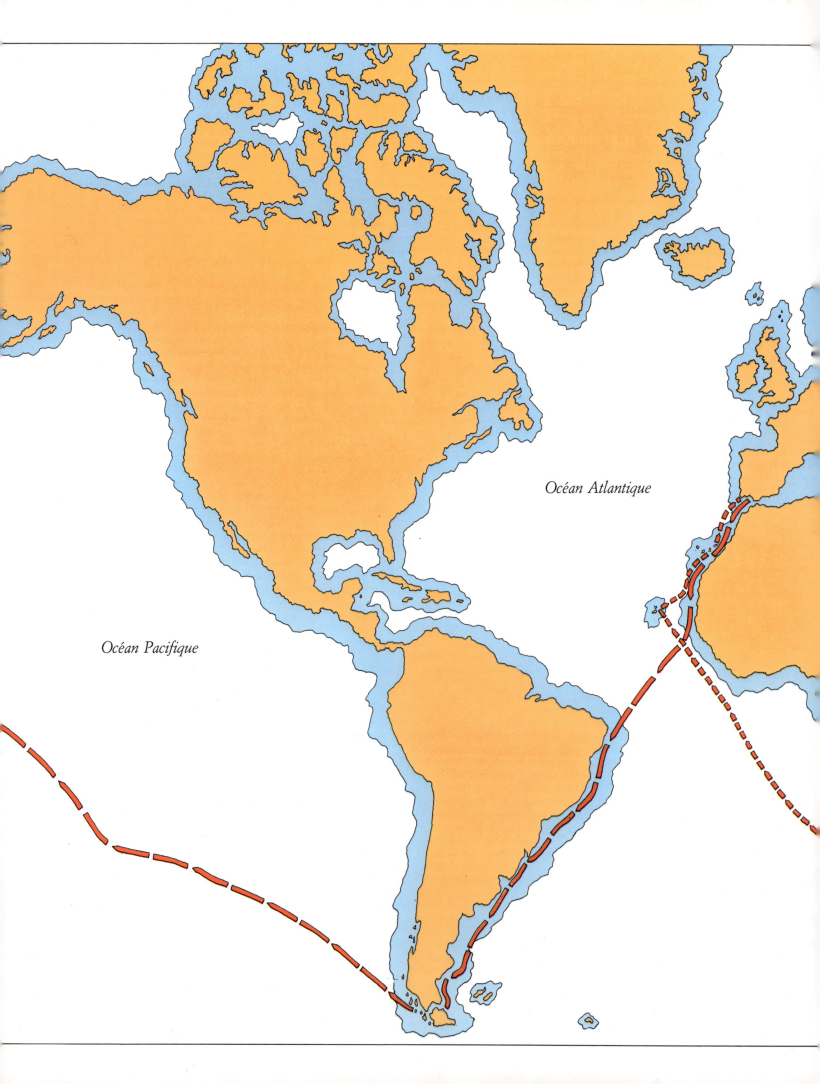

QUELQUES POINTS D'HISTOIRE ET DE GÉOGRAPHIE

par Giovanna Spadini

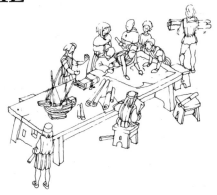

Comment fit Magellan pour savoir où se trouvaient les Moluques ?

Une flotte portugaise était arrivée aux Moluques entre 1511 et 1513 après avoir dépassé le cap de Bonne-Espérance, en suivant la route inaugurée par Vasco de Gama en 1497. Magellan connaissait personnellement quelques-uns des commandants de cette expédition qui lui avaient donné des indications sur la position de ces îles. À partir de ces informations, il fut convaincu que les Moluques étaient situées dans la moitié de la terre que le traité de Tordesillas attribuait à l'Espagne.

Quand les survivants de l'expédition rentrèrent aux Portugal, d'innombrables discussions diplomatiques et scientifiques eurent lieu entre l'Espagne et le Portugal pour savoir quel était le véritable statut des Moluques : étaient-elles espagnoles ou portugaises ? En 1529, l'Espagne, en échange d'une compensation financière, cédait définitivement aux Portugais tous les droits sur ces îles. On se rendit compte plus tard que Magellan s'était trompé dans ses calculs.

Les Portugais ne s'irritèrent-ils pas du fait que Magellan s'était mis au service des Espagnols ?

Si, bien sûr ! Pendant les pourparlers qui se déroulaient entre Magellan et le roi d'Espagne (Charles Ier, devenu ensuite l'empereur Charles Quint), le roi du Portugal avait essayé de convaincre le navigateur de revenir à son service ; n'ayant pas réussi, il tenta d'entraver ses projets par mille moyens, que ce soit au cours des préparatifs du départ, ou au cours du voyage lui-même. Il fit en sorte que l'ami avec lequel Magellan entendait mener à bien son entreprise, l'astronome Ruy Faleiro, l'abandonne ; il répandit de nombreuses calomnies sur Magellan pour le priver de la confiance du roi d'Espagne ; enfin, il donna l'ordre à ses navires de l'arrêter quel que fût l'endroit où ils le croiseraient.

Il semble justement que Magellan redoutant un piège des Portugais, se soit aventuré sur de longues routes qu'un navigateur aussi expérimenté que lui n'aurait pas dû emprunter.

À propos du conflit entre Magellan et les Portugais, Pigafetta raconte que Magellan entre au service du roi d'Espagne parce que don Manuel, roi du Portugal, avait refusé de lui accorder une augmentation mensuelle « d'un teston seulement » (Le teston était une pièce d'argent italienne ainsi nommée parce que figurait, sur une de ses faces, la tête (*testa*) du souverain). Une manière pour Pigafetta de qualifier le roi portugais de radin. Qui sait si les choses se sont déroulées précisément ainsi et, si l'extraordinaire aventure de Magellan n'a été entreprise que « pour quelques testons de plus » ?

QUELQUES POINTS D'HISTOIRE ET DE GÉOGRAPHIE

Les Espagnols faisaient-ils confiance à Magellan ?

À vrai dire, pas tellement. Il fut difficile de trouver les équipages nécessaires aux cinq navires, et on adjoignit tout de suite à Magellan, sur l'ordre du roi Charles, un inspecteur général, Juan de Cartagena, qui devait plus tard être abandonné en Patagonie. En fin de compte, Fernão Magalhães (le véritable nom de Magellan) était pris entre deux feux, et finit inévitablement par se brûler. Il ne put éviter – peut-être qu'il était trop absorbé par les risques de la navigation – quelques erreurs diplomatiques. L'une de ces erreurs fut de s'arrêter au Brésil.

Le Brésil (que Pigafetta appelle *Verzin*, du terme italien qui désignait alors le bois « brasil », avait été découvert en 1500 par le Portugais Pedro Álvares Cabral, et se trouvait donc sous la domination du Portugal. Et, parmi les ordres donnés par le roi d'Espagne à Magellan, figurait, entre autres, celui d'éviter tout contact avec les territoires portugais. Il était donc naturel que les capitaines espagnols se méfient.

Pourquoi le Brésil appartenait-il aux Portugais ? Le continent américain ne revenait-il pas tout entier à l'Espagne aux termes du traité de Tordesillas ?

Quand le traité avait fixé la ligne de démarcation (la *raya*) qui devait séparer la partie du monde soumise à l'autorité des Espagnols de la partie soumise à celle des Portugais, Christophe Colomb était en train d'accomplir son second voyage. On savait bien peu de choses sur les nouvelles terres. Jusqu'au voyage d'Amérigo Vespucci, en 1502, on pensait que celles-ci se trouvaient à l'extrémité de l'Asie. La *raya* fut donc fixé plus ou moins au hasard, et l'on s'aperçut plus tard que cette ligne imaginaire donnait au Portugal une partie de l'Amérique méridionale.

Que rapporte Pigafetta des relations entre Magellan et les capitaines espagnols qui dépendaient de lui ?

Très peu de choses. Au début de son récit, il raconte que Magellan (que Pigafetta désigne toujours comme le « capitaine général ») ne voulait révéler à personne le but de l'expédition afin que les autres ne fussent pas troublés à l'idée « de participer à une entreprise aussi importante et aussi extraordinaire ». Il note tout de suite après : « Ses capitaines le détestaient au plus haut point, je ne sais pourquoi, sinon parce qu'il était portugais et eux espagnols. »

Pigafetta raconte également en peu de mots l'épisode de la mutinerie, et n'explique pas qui prit le commandement de l'expédition après la mort de Magellan. Peut-être évita-t-il volontairement de noter certains faits dans son journal, et ne voulut-il pas non plus par la suite les citer dans le récit tiré de ce journal. Il semble qu'il n'avait aucune estime pour les capitaines espagnols, alors qu'en revanche, son admiration pour Magellan apparaît clairement. Pigafetta en fait état lorsque, après avoir décrit la mort valeureuse de Magellan, il interrompt sa chronique des événements par une supplique qui constitue aussi une oraison funèbre pleine d'émotion : « Je fais confiance à Votre Seigneurie pour que le prestige d'un Capitaine aussi généreux ne soit pas perdu. L'une de ses vertus résidait dans la grande constance qu'il manifestait lors des pires mésaventures ; plus que tout autre, il savait résister à la faim ; il connaissait les cartes marines et naviguait avec plus d'exactitude que quiconque : cette vérité est attestée clairement par le fait que nul autre n'a eu le courage et le talent de faire le tour du monde comme il l'avait pratiquement déjà fait. »

L'« Illustrissime Seigneurie » à laquelle s'adresse Pigafetta est le Grand Maître de l'Ordre des Chevaliers de Rhodes. Pigafetta faisait partie de cet ordre de chevalerie, et c'est à son Grand Maître qu'il dédia son récit.

QUELQUES POINTS D'HISTOIRE ET DE GÉOGRAPHIE

Quelle était la fonction de Pigafetta au cours de l'expédition ?

Alors que Magellan était pris par les préparatifs du voyage, Pigafetta se trouvait en Espagne. Il était alors gentilhomme de la suite d'un de ses importants concitoyens, Francesco Chiericati, nonce apostolique auprès de la cour du roi d'Espagne. Peut-être se présenta-t-il à Magellan en exhibant son titre de chevalier de Rhodes et ceci lui valut-il une position privilégiée aux côtés du capitaine général ; il semble, en réalité, selon les listes de l'équipage, que Pigafetta était préposé à la personne de Magellan, et qu'il faisait partie de son « état-major ». Le natif de Vicence était certainement l'une des rares personnes instruites de la petite flotte, et il semble qu'il fut respecté de tous, Espagnols comme Portugais ; il jouissait sûrement de la pleine confiance de Magellan, qui l'envoya souvent comme messager ou ambassadeur auprès des chefs indigènes.

Il était parfois agréable d'être l'homme de confiance de Magellan. Pigafetta raconte que lorsqu'il fut envoyé avec des cadeaux précieux à la cour du roi de Cebu, il vit également les nièces du souverain : il s'agissait de quatre belles enfants qui jouaient très bien des instruments orientaux traditionnels, instruments que Pigafetta décrit, comme d'habitude, avec une grande précision (l'un d'eux correspond au gong qu'il appelle « aghon »). Pigafetta dansa avec ces filles, puis, après un goûter, retourna vers les navires.

Pigafetta était-il le seul à tenir un journal ?

Non, on a également trouvé le journal d'un Portugais anonyme, mais qui était très fragmentaire. Il existe aussi les carnets de bord de deux pilotes : ceux-ci viennent compléter, ici et là, quelque description trop concise de Pigafetta ; ils donnent surtout des dates et des noms de lieux, des indications de latitude et de longitude, ce qui est d'ailleurs logique étant donné que le carnet de bord est un document technique. L'un des deux carnets est cependant précieux car il fut écrit par le pilote de la *Trinidad*, et constitue l'unique témoignage direct du voyage qu'effectua ce navire, une fois séparé de la *Victoria*, et avant d'être capturé par les Portugais.

Magellan tenait certainement lui aussi un carnet de bord, mais celui-ci s'est perdu. On ne sait pas s'il fut détruit après la mort du capitaine général, ou si l'un des nombreux ennemis de Magellan le fit disparaître en Espagne. Le récit manuscrit du dernier commandant de la *Victoria*, ainsi que les mémoires du cosmographe (ou astronome – Pigafetta le désigne comme « astrologue ») furent également perdus à la suite de l'expédition. Il s'en serait fallu de peu pour qu'il advienne la même chose du journal de Pigafetta.

Les navires étaient arrivés aux Philippines le 16 mars 1521, et Magellan avait accosté l'une après l'autre ces îles pour se procurer de l'eau et des vivres. Pigafetta écrit : « Le lundi saint 25 mars, jour de l'Annonciation, passé midi, je montai à bord du navire pour pêcher, et, posant le pied sur une antenne de voile, je glissai à cause de la pluie et tombai à l'eau sans que personne s'en aperçût. Sur le point d'être submergé, je sentis près de ma main gauche l'écoute de la grande voile, qui était cachée sous l'eau : je m'y agrippai et me mis à crier jusqu'à ce que l'on vint à mon secours. »

Pigafetta ne savait évidemment pas nager, comme du reste presque tous les navigateurs d'alors (mais pas seulement d'alors !). Heureusement, le hasard voulut que l'extrémité du cordage servant aux manœuvres de la voile pendît par-dessus bord, dans l'eau, car, autrement, nous n'aurions pas su grand-chose de l'expédition de Magellan !

QUELQUES POINTS D'HISTOIRE ET DE GÉOGRAPHIE

Quelle est la plante qui impressionna le plus Pigafetta, outre la palme de cocotier ?

Pigafetta ne se montre jamais impressionné par ce qu'il voit. Il décrit les gens, les animaux, les plantes et les choses dans une prose à la fois sobre et précise ; il évoque également sur le même ton détaché les histoires les plus incroyables qui lui avaient été racontées par les marins et les indigènes. L'épisode de la mort de Magellan est l'un des très rares où il se laisse aller aux sentiments. Il est cependant vrai que certaines choses l'intéressaient plus que d'autres, par exemple la plante qui produisait le clou de girofle. Pigafetta écrit : « Cet arbre est haut et épais, de la taille d'un homme ; ses branches s'élargissent à peu près à mi-hauteur, puis se réunissent toutes au sommet, formant une pointe. Ses feuilles ressemblent à celles du laurier, l'écorce est couleur olive. Les clous de girofle sont groupés à l'extrémité des rameaux, par dix ou vingt. Ces arbres sont plus productifs tantôt dans certaines régions, tantôt dans d'autres. Quand ils apparaissent, les clous de girofle sont blancs, ils deviennent rouges en mûrissant, et enfin noirs quand ils sont secs. On les cueille deux fois par an, une fois vers Noël, et l'autre vers la fête de Saint-Jean-Baptiste, au moment où le climat est plus tempéré. Ils ne poussent qu'en altitude, et si l'on plante un arbre dans la plaine, il ne subsiste pas. Les feuilles, l'écorce et le bois dégagent le même parfum que les clous de girofle. Si on ne les cueille pas quand ils sont mûrs, les clous de girofle deviennent si grands et si durs que seule leur écorce est utilisable. » Cette description, du fait de son exactitude, fut très appréciée par les botanistes. Rappelons que les clous de girofle ne sont pas des fruits, mais bien des fleurs à l'état de bourgeons.

Et que dit Pigafetta des animaux ?

Il en décrit, avec sa minutie habituelle, l'aspect et les mœurs, et souvent, avec un grand sens pratique, il précise s'ils sont comestibles ou non. À propos des requins, (en espagnol *tiburoni*), il écrit, pendant la traversée de l'océan Atlantique : « Il venait à bord du navire de grands poissons, qui s'appellent les tiburoni, et qui ont des dents terribles ; ils mangent les hommes qu'ils rencontrent dans la mer. Nous en avons attrapé beaucoup avec des hameçons en fer, bien qu'ils ne soient pas mangeables, à part les petits, eux-mêmes peu savoureux. »

Quand il se trouve dans les territoires voisins de l'Antarctique, Pigafetta décrit ainsi les manchots et les otaries : « Ces grandes oies sont noires et toutes leurs plumes sont pareilles, que ce soit sur le corps ou sur les ailes ; elles ne volent pas et se nourrissent de poisson. Elles sont tellement grasses qu'il n'est pas nécessaire de les plumer : les écorcher suffit ; elles ont un bec de corbeau. Les loups de mer sont de couleurs variées et gros comme des veaux, avec des oreilles petites et rondes et de grandes dents. Ils n'ont pas de jambes, mais des pieds soudés au corps, qui ressemblent à nos mains, couverts de petits ongles, avec, entre les pattes, cette peau qui caractérise les oies de nos pays. Ils seraient très féroces s'ils savaient courir : ils nagent et vivent de poissons. »

Dans une île au nord-est de Bornéo, où l'expédition s'immobilisa pendant quarante deux jours pour réparer un navire, la chasse et la pêche donnent de bons résultats : « Dans cette île vivent des porcs sauvages : nous en tuâmes un dont la tête mesurait deux empans et demi et qui avait de grandes dents. On y trouve aussi de grands crocodiles, de terre comme de mer, des huitres et des coquillages de différentes sortes. Nous pêchâmes un poisson qui avait une tête de porc, avec deux cornes : son corps comportait une seule arête ; il avait sur le dos une excroissance qui ressemblait à une selle et il était petit. » À tous ces animaux bizarres, Pigafetta donna des noms scientifiques très distingués.

QUELQUES POINTS D'HISTOIRE ET DE GÉOGRAPHIE

En quelle langue Magellan et les siens parlèrent-ils aux indigènes ?

C'est le serviteur malais de Magellan qui sert d'interprète aux Philippines. Tout d'abord, les contacts avec les indigènes avaient été brefs, et le langage utilisé fut certainement celui des gestes, même si Pigafetta s'efforçait de comprendre au moins le vocabulaire essentiel de chaque peuple. Voici, par exemple, une liste de mots faisant partie du vocabulaire des Patagoniens :

tête	*her*	dents	*phor*
œil	*other*	langue	*skial*
nez	*or*	menton	*seken*
cils	*okekel*	visage	*cogekel*
paupières	*sekekiel*	coude	*cotel*
narines	*oreske*	main	*kene*
bouche	*xiam*	genou	*tepin*
lèvre	*skiahame*	pied	*thee*

Pigafetta ajoute que ces mots doivent être prononcés d'une façon « gutturale », parce que c'est ainsi que le faisaient les Patagoniens, il raconte donc comment il fit pour apprendre ces vocables : « C'est le géant qui était avec nous sur le navire qui me les a appris, parce que, quand il me demanda *capac*, c'est-à-dire du pain (ils appellent ainsi une racine qu'ils utilisent pour faire du pain) et *oli*, c'est-à-dire de l'eau, il vit que j'inscrivais ces mots, et, après, à mesure que je les lui indiquais de la plume, il me donna les noms des autres choses. »

Que sont devenus aujourd'hui les lieux visités par l'expédition de Magellan ?

Certains, comme la Terre de Feu, n'ont pas changé. D'autres en revanche – c'est le cas de certaines parties des côtes brésiliennes et argentines, ainsi que des Philippines – Pigafetta aurait du mal à les reconnaître. Peut-être parviendrait-il à se souvenir de la baie de Rio de Janeiro grâce au « pain de sucre », mais il ne pourrait pas reconnaître dans la ville moderne de Cebu le village du roi Humaubon : il faudrait, pour le convaincre, lui montrer la croix de Magellan et l'image pieuse offertes par le capitaine général à la reine, conservées comme reliques dans cette ville. Il existe cependant encore des populations qui n'ont pas changé depuis l'époque de Magellan : il y a quelques années, par exemple, on découvrait dans l'île de Mindanao, la tribu de Tasaday, à savoir quelques dizaines de personnes qui vivaient comme à l'âge de pierre ; et, dans l'île de Luzon, quelques coins de forêt abritent encore des chasseurs de têtes !

Quels événements importants se sont produits pendant la vie de Magellan ?

L'époque de Magellan se caractérise par l'expansion des voyages de conquête. Quelques années après l'entreprise de Christophe Colomb, l'Espagne et le Portugal aussitôt imités par la France et l'Angleterre, déclenchent sur les océans une compétition absolument féroce, et cherchent à accaparer les meilleurs navigateurs disponibles « sur le marché ». Les conquistadors espagnols écrasent en peu de temps les très anciennes civilisations précolombiennes, les navigateurs portugais entreprennent la colonisation des côtes africaines et asiatiques. En Europe, la splendeur culturelle de la Renaissance, désormais au faîte de son évolution, s'accompagne d'une succession quasiment ininterrompue de conflits locaux et internationaux. On voit également éclater la crise de la Réforme protestante. Le visage de l'Europe change rapidement, à mesure que les intérêts des grandes puissances se tournent vers de nouveaux horizons.

GRANDS ÉVÉNEMENTS HISTORIQUES	GRANDS ÉVÉNEMENTS CULTURELS
1479 Unification du royaume d'Espagne par le mariage de Ferdinand d'Aragon et Isabelle de Castille. 1480 Institution en Espagne du tribunal de l'Inquisition. 1484 Bulle papale d'Innocent VIII contre les sorcières. 1485 Fin de la longue guerre des Deux-Roses en Angleterre. 1487 Le Portugais Bartolomeu Dias passe le cap de Bonne-Espérance. 1492 Christophe Colomb atteint le nouveau continent. Chute du royaume de Grenade et fin de la domination musulmane en Espagne. 1493 Maximilien d'Autriche est élu empereur du Saint Empire romain germanique. 1494 Traité de Tordesillas : Espagnols et Portugais se partagent le monde. 1494-1498 À Florence, on assiste à la prédication de Savonarole. Conflit entre Milan et Naples : Ludovic le More, seigneur de Milan, demande l'intervention des Français. Naissance de la république florentine. 1497 Voyage du Portugais Vasco de Gama, qui arrive en Inde en 1498. 1498 Louis XII devient roi de France. 1503 Les Espagnols occupent le royaume de Naples. 1509 Henry VIII Tudor accède au Trône d'Angleterre. 1512 L'Espagnol Vasco Nuñez de Balboa traverse l'isthme de Panama. Il est le premier Européen à affronter l'océan Pacifique. 1515 Victoire du jeune roi François Ier sur les Suisses à Marignan. 1516 Traité de paix perpétuelle entre la France et la Confédération helvétique. 1517 Le moine allemand Martin Luther affiche à la porte de la cathédrale de Wittenberg les 95 thèses qui marquent le début de la Réforme protestante. 1519 Départ de Magellan pour ce qui deviendra le premier voyage autour du monde. Mort de l'empereur Maximilien : lui succède son petit fils, Charles Quint, qui était déjà roi d'Espagne et de Sicile. 1519-1521 Conquête du Mexique par Cortès et disparition de l'Empire aztèque. 1521 Le sultan turc Soliman le Magnifique occupe Belgrade.	1478 Sandro Boticelli peint le *Printemps*. 1493 Naissance de l'alchimiste et médecin suisse Paracelse. 1494 Naissance du fondateur de la métallurgie moderne, l'Allemand Georg Bauer, dit Agricola. 1496 Naissance de Clément Marot. 1498 L'imprimeur et humaniste Alde Manuce publie les *Œuvres complètes* d'Aristote. 1600 Naissance de Benvenuto Cellini, sculpteur et orfèvre italien. 1502 Réalisation des premiers « œufs de Nuremberg », de Heinlein, précurseurs des montres de gousset. 1503-1513 Léonard de Vinci rédige les carnets illustrés de nombreux croquis que l'on connaît aujourd'hui sous le nom de *Codex Atlanticus*. 1504 Raphaël peint le *Mariage de la Vierge*. 1505 Début de la construction de la basilique Saint-Pierre-de-Rome par l'architecte italien Bramante. 1506 Léonard de Vinci peint la *Joconde*. 1508 Michel-Ange commence les fresques de la chapelle Sixtine. 1512 Nicolas Copernic publie un ouvrage dans lequel il soutient que la terre tourne, comme les autres planètes, autour du soleil. 1513 Nicolas Machiavel écrit *Le Prince*. 1514 L'artiste allemand Albrecht Dürer grave la *Mélancolie*. 1514-1540 Portraits de François Ier et de son entourage par Jean Clouet. 1516 L'Aristote termine son *Roland furieux*. 1518 Le Titien finit de peindre *L'Assomption* pour l'église des Frari à Venise. 1519 Mort de Léonard de Vinci en France, près d'Amboise. Construction du château de Chambord pour François Ier. 1520 Premières chansons polyphoniques de Clément Janequin. 1521 Martin Luther commence la traduction du *Nouveau Testament* en allemand.